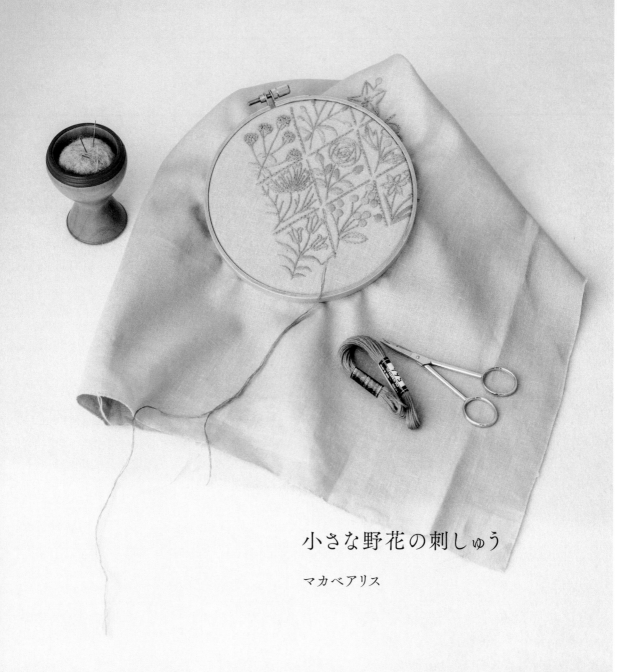

小さな野花の刺しゅう

マカベアリス

成美堂出版

Spring

タンポポ、ハルジオン、シロツメクサ…。
春を待ちわびていたかのように
いっせいに咲きはじめる可憐な花たち。

how to make_ p.45

春に咲く野花たち

how to make_ p.46, 47

野原で摘んだ草花のサンプラー

how to make_ p.48

春色のフレーム

how to make_ p.53

ハーブガーデン

how to make_ p.52

小さな草花の贈り物

how to make_ p.54

A　B　C

草花のブローチ

how to make_ p.54

Summer

アサガオ、アザミ、ヤマユリ…。
夏の強い陽ざしにも負けない
元気な花たちをモチーフに。

how to make_ p.55

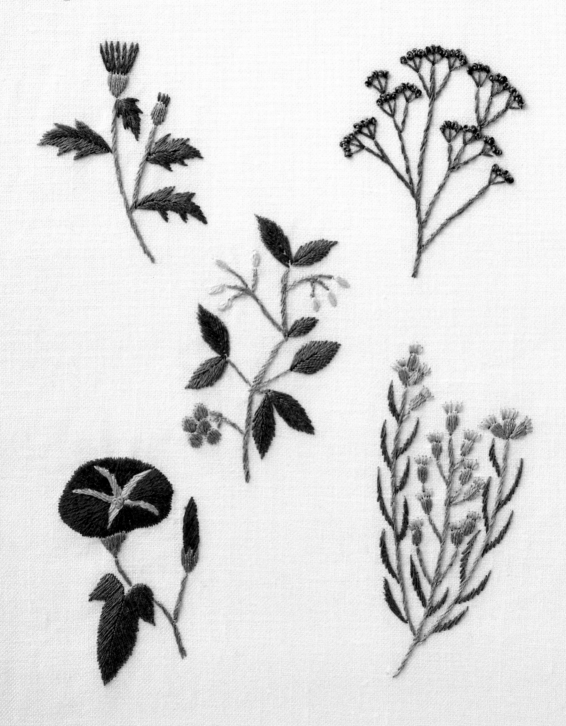

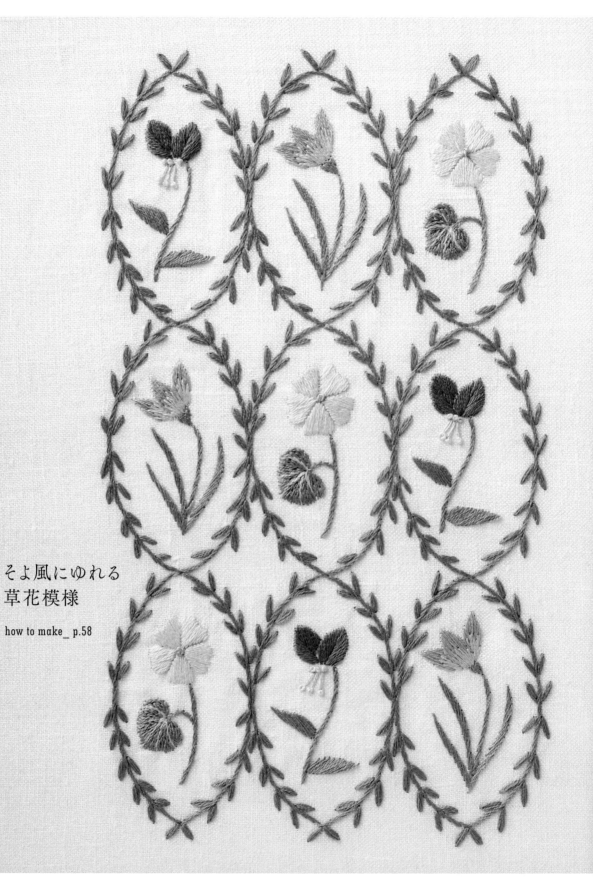

そよ風にゆれる
草花模様

how to make_ p.58

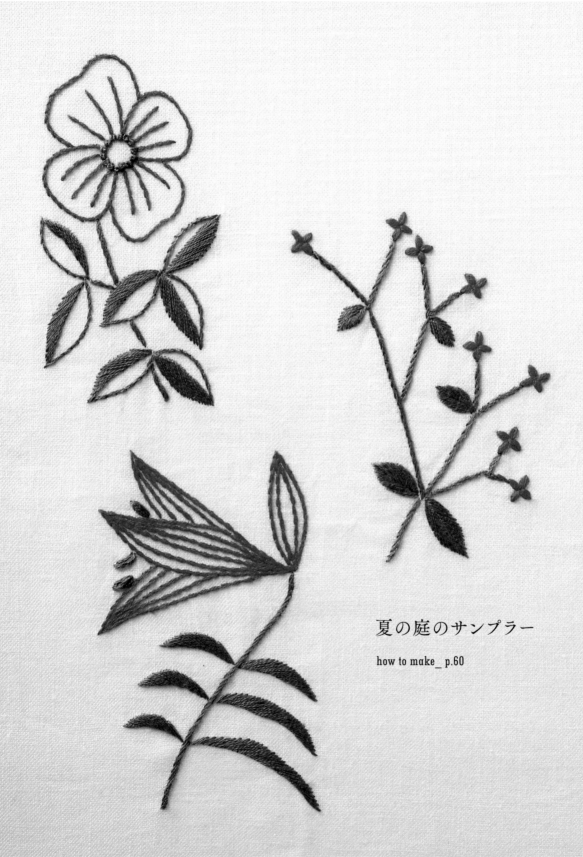

夏の庭のサンプラー

how to make_ p.60

小さな夏草

how to make_ p.63

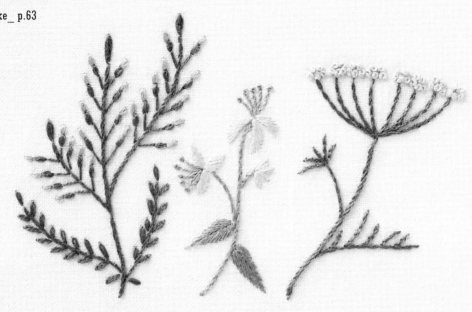

夏草の巾着ポーチ

how to make_ p.62

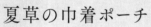

Autumn

オミナエシ、アキノエノコログサ、
セイタカアワダチソウ…、
木々が色づく季節、足元にも
彩りを添える秋の花。

how to make_ p.64

秋に咲く草花いろいろ

how to make_ p.68, 69

植物採集ラベル

how to make_ p.65

Winter

プリムラ、スノードロップ、
クリスマスローズ……
静かな野原に凛と咲く
冬の花を集めて

how to make _ p.73

Winter pattern

how to make_ p.76

花の連続模様

how to make _ p.77

刺しゅうをはじめる前に

この本で使用している材料と用具、糸や針、刺しゅう枠など
刺しゅうについて知っておきたいことをまとめました。
このページを読んでからはじめてみましょう。

刺しゅうの材料と用具

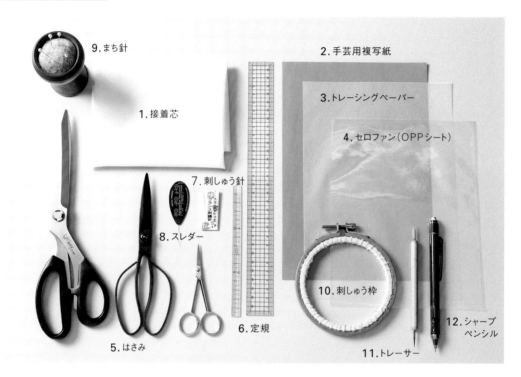

1. 接着芯
布目のゆがみや刺し縮みを防ぐために刺しゅう布の裏に貼り
ます。薄手のアイロンで貼るタイプが使いやすいでしょう。

2. 手芸用複写紙
トレーシングペーパーに写した図案を布に写すときに使いま
す。片面にチャコがついた、水で消えるタイプを用意します。

3. トレーシングペーパー
図案を写すときに使います。

4. セロファン（OPPシート）
布に図案を写すときに、図案が破れないように布、複写紙、
図案、セロファンの順に重ねて写します。

5. はさみ
布を切る裁ちばさみ、クラフトばさみ、先端のとがった糸切
りばさみなど、用途に合わせて用意します。

6. 定規
寸法を測ったり、線を引くときに使います。

7. 刺しゅう針
先端のとがったフランス刺しゅう針の4～7号を用意します。

8. スレダー
針に糸を通す道具です。

9. まち針
布に図案を写すときや仕立てるときの仮どめに使います。

10. 刺しゅう枠
直径10～12cmのサイズが使いやすいでしょう。

11. トレーサー
図案を写すときにセロファンの上からなぞって使います。

12. シャープペンシル
トレーシングペーパーに図案を写すときに使います。

◎ 刺しゅう糸と布

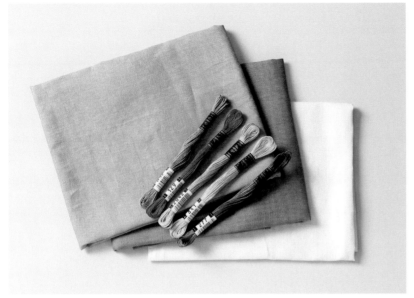

この本ではオリムパス25番刺しゅう糸を使っています。光沢のある6本の細い糸をゆるくより合わせた木綿糸で、色数も豊富にそろっています。糸の長さは約8m。使うときは1本ずつ引き抜いて、引きそろえてから使います。作り方に書いてある「2本どり」などの表記はこの細い糸の本数を表しています。布は平織布が刺しやすくおすすめです。厚み、目の詰まったものや粗いもの、風合いなど様々ですが、作品の用途に合わせて選びましょう。

◎ 刺しゅう針

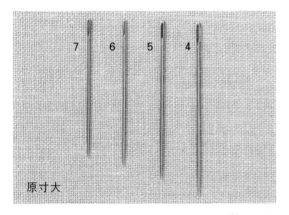

原寸大

フランス刺しゅう針は先端が尖っていることが特長です。縫い針よりも針穴が大きく、糸が通しやすくなっています。針の太さや長さ、針穴の大きさなど豊富にそろっているので、刺す糸の本数に合わせて選びましょう。この本ではNO.4〜7号を使っています。

〔 刺しゅう糸の本数と針の選び方の目安 〕

NO.4／25番刺しゅう糸5〜6本
NO.5／25番刺しゅう糸4〜5本
NO.6／25番刺しゅう糸3〜4本
NO.7／25番刺しゅう糸2〜3本

◎ あると便利な用具

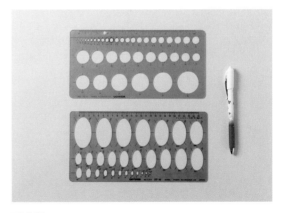

円定規

小さな円形の図や花などを描くときは円定規を使うと便利。

布用シャープペンシル

水で消える布専用のシャープペンシル。細い線も描くことができ、図案の薄い部分を書き足したり、刺し方向を描くときに使います。

刺しゅうをする前の下準備

25番刺しゅう糸の扱い方　色番号のラベルは糸を使い切るまで捨てずにとっておきましょう。

1
刺しゅう糸はラベルを抜き、輪にする。ラベルはあとから使うのでとっておく。

2
輪を左手にかけ、束になった刺しゅう糸から糸をすべて引き出す。糸の両端を合わせて二つ折り、もう一度二つ折りにする(約2m)。

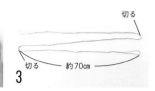

3
さらに三つ折りにし、2か所を切る。これで1本が約70cmの刺しやすい長さになる。

4
切った束を二つ折りにし、色番号のラベルに通し、1本ずつ抜いて必要本数をそろえて使う。

刺しゅう枠の準備

直径10〜12cmのサイズが使いやすい。内側の枠に裁ち切りのバイアス布などを巻いておくと、刺す布がずれにくくなる。バイアス布を巻くときはできるだけ布が重ならないように巻くことがポイント。

接着芯の貼り方

刺しゅうをする前に布の裏に接着芯を貼る。接着芯は図案より大きめに裁ち、ざらざらしたのりのついた面を布の裏に合わせて重ねる。アイロンの温度は布の種類に合わせ、滑らせずに体重をかけるようにして3〜5秒程度、上から押してしっかりとつける。

図案の写し方

1
トレーシングペーパーにシャープペンシルで図案を写し、布の上に重ねてまち針で2〜3か所とめる。

2
トレーシングペーパーと布の間に手芸用複写紙を重ね、一番上にセロファン(OPPシート)を載せてトレーサーで図案の線をなぞる。

3
図案が写せたところ。写し終わったら、足りない線がないか確認してから重ねたものを外す。

4
図案のかすれたところや刺し方向などは布用シャープペンシルで書き足す。

5
写真のようなレイジーデイジー・ステッチ＋ストレート・ステッチの図案を写すときは、ストレート・ステッチのラインのみ写す(p.39、43参照)。

刺しゅう枠のはめ方

1 外枠のネジをゆるめて外し、内枠の上に図案が中心にくるように布を置き、外枠を重ねる。

2 たて、よこの布目が垂直になるように布を引き、ぴんと張る。

3 ネジを締める。

スレダーの使い方

1 針穴にスレダーの先を差し込む。

2 通したスレダーの輪の中に刺しゅう糸を必要な本数をそろえて通す。

3 スレダーを引くと、針穴に糸が通る。

刺し方ページの見方　　この本はオリムパス25番刺しゅう糸を使用しています。

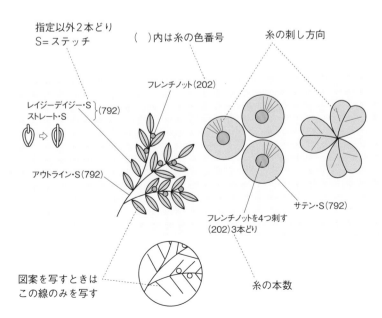

指定以外2本どり
S=ステッチ

（　）内は糸の色番号

糸の刺し方向

フレンチノット(202)

レイジーデイジー・S
ストレート・S ｝(792)

アウトライン・S(792)

サテン・S(792)

フレンチノットを4つ刺す
(202)3本どり

糸の本数

図案を写すときは
この線のみを写す

ステッチの刺し方

ストレート・ステッチ

アウトライン・ステッチ

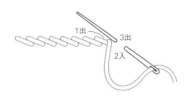

バック・ステッチ

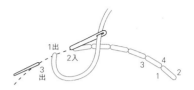

レイジーデイジー・ステッチ

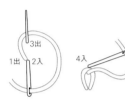

チェーン・ステッチ

フレンチノット（2回巻き）

サテン・ステッチ

ロングアンドショート・ステッチ

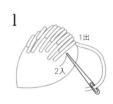

リブドスパイダーウェブ・ステッチ

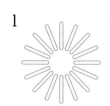

ストレート・ステッチを
放射状に刺す

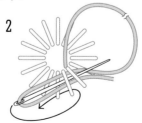

1の中心側から針を出し、スト
レート・ステッチを2本すくう。糸を
割らないように針穴側からすくう

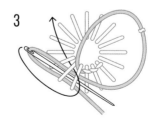

「1本戻って2本すくう」をくり返
し、ストレート・ステッチの外側
の端まで埋める

きれいに刺すポイントレッスン

- ・角のあるアウトライン・ステッチ
  線の刺しはじめ／刺し終わり
- ・アウトラインフィリング
- ・円形のサテン・ステッチ
  面の刺しはじめ／刺し終わり

- ・先のとがった細長いサテン・ステッチ
- ・左右に刺し方向を変えたサテン・ステッチ
- ・フレンチノットフィリング
- ・ロングアンドショート・ステッチ
- ・レイジーデイジー・ステッチの上からストレート・ステッチを刺す
- ・リブドスパイダーウェブ・ステッチ

角のあるアウトライン・ステッチ

葉っぱや花びらの先など鋭角なラインをきれいに刺すコツです。根元から葉先に向かって刺し、角まで刺したら一度裏側で糸をとめます。

線の刺しはじめ

1 図案から少し離れた位置の表側から針を刺し、根元側の刺しはじめに針を出す。糸端は10cmくらい残す。

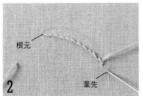

2 角まで刺したら裏に針を出す。

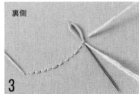

3 裏返して近い位置の渡り糸を一針すくって糸を引く。

4 表に返して同じ穴から針を出す。

刺し終わり

5 刺しやすい向きに持ちかえて続けて刺す。角がきれいな鋭角になる。

1 布を裏返し、刺し終わりに近い位置の渡り糸を2回ぐらいすくってとめる。

2 根元で糸を切る。

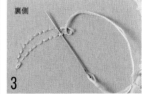

3 刺しはじめの糸も裏に引き出して針に通し、刺し終わりと位置をかえて、渡り糸に始末をする。

アウトラインフィリング

「フィリング」＝埋める・詰めるの意味。はじめに輪郭を1周刺し、内側に向って隙間なく刺します。丸い図案を刺すときは外側から内側に螺旋状に刺し埋めます。

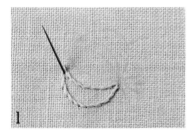

1 輪郭に沿ってアウトライン・ステッチを1周刺し、1周めの内側に針を出す。

2 1周めと隙間があかないようにアウトライン・ステッチの2周めを内側に刺す。

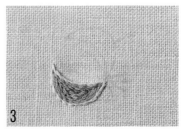

3 2周めを刺したら、さらに内側に向かって隙間があかないように刺し埋める。

円形のサテン・ステッチ

円形のサテン・ステッチは中央の一番長い一針から刺しましょう。上半分を先に刺し、対称になるように下半分を刺します。刺すときは、図案の線の外側に針を出し入れするときれいに刺せます。

面の刺しはじめ

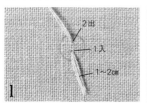

1 図案の内側に針を入れ、一針すくう。糸端は1〜2cm残す。

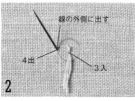

2 戻るように1で入れた位置に針を入れて糸をとめる。刺し方向に沿って円の一番長い輪郭線上に針を出す。

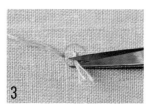

3 糸端がしっかりとまったことを確認し、糸端は根元で切る。

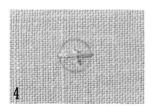

4 中央の一番長い一針を刺す。

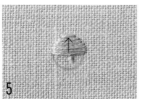

5 上半分を外側に向かって刺す。刺すときは輪郭が丸くなるように図案の線の外側に針を出し入れする。

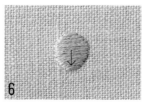

6 上半分が刺せたら裏の渡り糸をすくって最初の一針の下に針を出し、上半分と対称になるように下半分を刺す。

刺し終わり

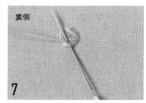

7 布を裏返し、渡り糸を2回くらいすくってとめ、根元で糸を切る。

先のとがった細長いサテン・ステッチ

葉っぱなど先のとがった細長い図案は角度をつけながら先端から刺しましょう。針を入れるときは少し離れた位置に針を入れ、糸を並べるように刺すことがポイント。

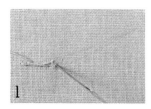

1 先端から針を出し、斜めに一針刺す。二針めは糸を並べるように刺す。

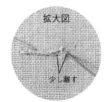

このとき一針めを刺した位置から少し離した位置に針を入れる。

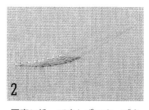

2 図案に沿って少しずつカーブをつけながら糸を並べるように斜めに刺し進む。

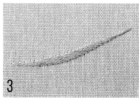

3 刺し終わりは少し長めに先端に針を入れる。

左右に刺し方向を変えたサテン・ステッチ

葉脈のあるような角度の異なるサテン・ステッチは先端から半分ずつ刺しましょう。根元まで刺したら、裏側の渡り糸をすくって先端に戻って刺します。

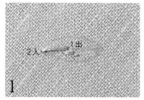

1 葉の先端に長めに1針刺す。

2 刺し方向を参照して下半分を斜めに刺し、根元まで刺したら一度針を裏に出す。

3 布を裏返し、刺しはじめに向かって渡り糸を一度すくって戻る。布はすくわないように渡り糸だけをすくう。

4 表に返し、残りの上半分を下半分と対称になるように角度をそろえて刺す。

フレンチノットフィリング

フレンチノットを刺すときは、布に対して針が垂直になるように刺すことがポイント。2〜3個刺すごとに、糸のよりを戻して刺しましょう。

1 刺しゅう枠を置き、右手に針を持って左手で針に糸を2回巻きつける。

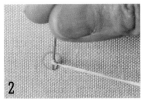

2 針を垂直に立てて一針めの際に針を入れる。

3 枠を持って左手で糸を引きながら針をまっすぐにゆっくりと引く。

4 輪が小さくなってきたら左手を糸から離し、ゆっくり針を引く。

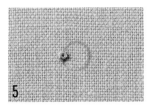

5 丸いノットができるように引きすぎないように注意。

6 ノットの大きさがそろうように糸の引き加減に気をつけて輪郭を1周刺す。

7 輪郭が刺せたら、内側に向かって2周めを刺し、隙間があかないように中心に向かって刺す。

ロングアンドショート・ステッチ

ロングアンドショート・ステッチは角度を変えながら外側から中心に向かって刺します。ここでは花びらなど途中で色を替えるときのコツも覚えましょう。

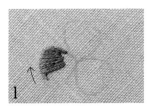

1 図案輪郭線の中央から針を出し、内側に向かって一針長めに刺す。二針めは少し短めに刺し、長短交互にくり返しながら刺す。

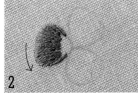

2 端まで刺したら裏の渡り糸をくぐって中央に戻り、残りの半分も同じ要領で刺す。

裏側

3 色を替えるときは、布を裏返し、新しい糸で1段めに刺した渡り糸を2〜3本すくい、返し針の要領でもう一度すくって糸をつける。糸端は最後に切る。

4 表に返し、2段めも中央から半分ずつ、1段めの針目のすきまを埋めるように中心に向かって角度を変えながら刺す。中心に戻り、残りの半分を刺す。

レイジーデイジー・ステッチの上からストレート・ステッチを刺す

レイジーデイジー・ステッチの上からストレート・ステッチを刺すときはふっくらと立体的になるように糸の引き加減に気をつけましょう。

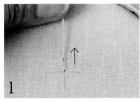

1 図案を写すときはストレート・ステッチの線のみ写す。レイジーデイジー・ステッチは少し細長くなるように糸を引いて刺す。

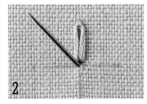

2 根元の中央から針を出す。

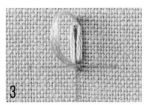

3 レイジーデイジー・ステッチと同じ穴に針を入れる。

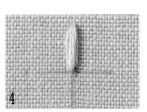

4 ふっくらと立体感が出るように糸の引き加減に気をつけて重ねるように刺す。

リブドスパイダーウェブ・ステッチ

リブドスパイダーウェブ・ステッチは、ストレート・ステッチの柱に糸を巻きつけて刺すステッチ。巻きつけるときは糸を割らないように針穴側から通します。

1 時計回りにストレート・ステッチを刺す。

2 図案の中心側から針を出し、針穴側から糸を割らないようにストレート・ステッチの柱を2本すくって針を引く。

3 ストレート・ステッチを1本巻き戻って2本をすくい、糸を巻きつけるように1周する。

4 螺旋を描くように2本ずつすくって巻きつける。このとき、前の糸に重ならないように巻きつけることがきれいに刺すポイント。

5 ストレート・ステッチに、巻きつけられるところまで巻きつけたら、針を下に出して裏側で糸始末をする。

6 図案を写した輪郭線はあとから消すので、無理に詰めて刺さなくて良い。

仕上げの方法

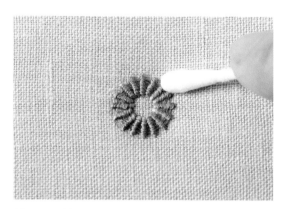

刺しゅうが終わったら、刺し忘れがないか確認しましょう。図案の線が残っているところは綿棒に水をつけて表側から軽く叩くようにして消します。布に残った図案のあとを消さずにアイロン仕上げをすると、図案が消えなくなることがあるので注意しましょう。

最後にアイロンをかけて仕上げます。アイロンは刺しゅう布の裏から押しつぶさないようにかけると刺しゅう面がつぶれる心配がありません。細かいシワは布の表からアイロンの先端を使って刺しゅう面を避けて少しずつ丁寧にかけましょう。

Spring p.3 実物大図案

糸はオリムパス25番刺しゅう糸
グリーン（202）　オールドローズ（792）
指定以外は2本どり

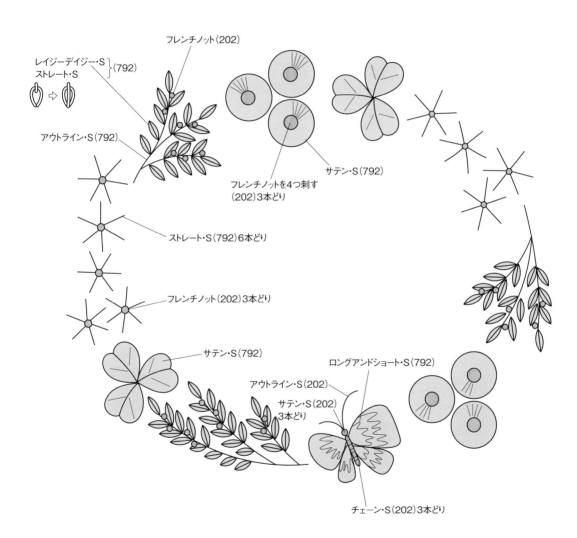

レイジーデイジー・S
ストレート・S ｝(792)

フレンチノット(202)

アウトライン・S(792)

フレンチノットを4つ刺す
(202)3本どり

サテン・S(792)

ストレート・S(792)6本どり

フレンチノット(202)3本どり

サテン・S(792)

ロングアンドショート・S(792)

アウトライン・S(202)

サテン・S(202)
3本どり

チェーン・S(202)3本どり

春に咲く野花たち　p.4　実物大図案

糸はオリムパス25番刺しゅう糸
ローズ系（1602・1603）　グリーン系（202・203・204）
ブルーグリーン（2042）　金茶（562）　ピンク（765）　ベージュ（841）
指定以外は2本どり

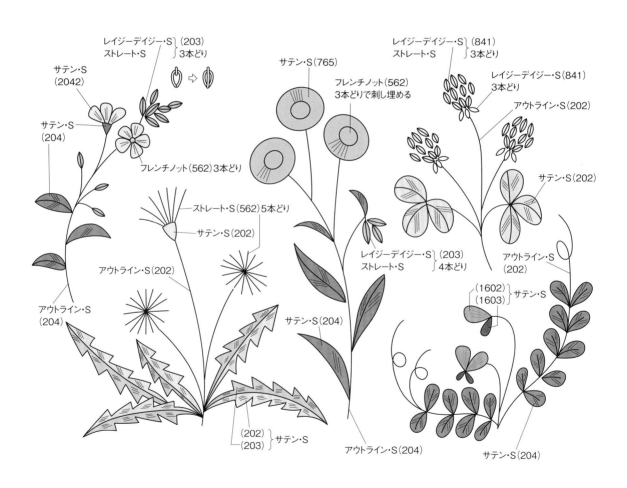

春に咲く野花たち　　p.5　実物大図案

糸はオリムパス25番刺しゅう糸
グリーン系(202・204)　オリーブ色系(288・2835)　ブルーグリーン(343)
金茶(562)　藤色(632)　れんが色系(758・768)　ベージュ系(431・841)
こげ茶(7025)
指定以外は2本どり

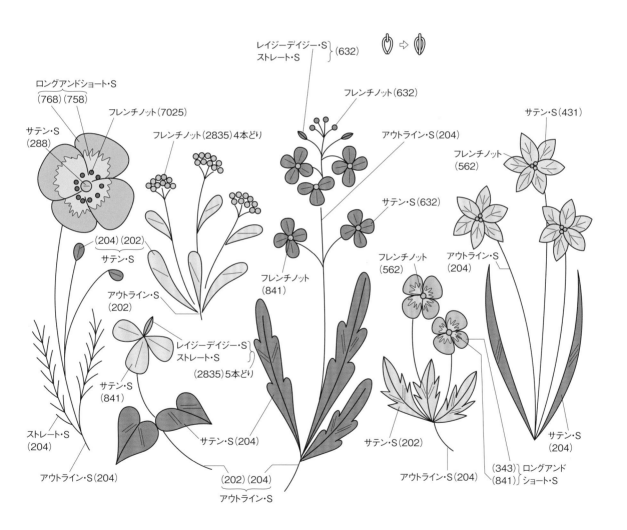

レイジーデイジー・S　(632)
ストレート・S

フレンチノット(632)

ロングアンドショート・S
(768)(758)
フレンチノット(7025)

サテン・S
(288)

フレンチノット(2835)4本どり

アウトライン・S(204)

サテン・S(431)

フレンチノット
(562)

(204)(202)
サテン・S

サテン・S(632)

アウトライン・S
(202)

フレンチノット
(562)

アウトライン・S
(204)

フレンチノット
(841)

レイジーデイジー・S
ストレート・S
(2835)5本どり

サテン・S
(841)

ストレート・S
(204)

サテン・S(204)

アウトライン・S(204)

(202)(204)
アウトライン・S

サテン・S(202)

アウトライン・S(204)

サテン・S
(204)

(343)　ロングアンド
(841)　ショート・S

47

野原で摘んだ草花のサンプラー　p.6　実物大図案

糸はオリムパス25番刺しゅう糸
赤系(145・190・194)　グリーン系(205・245)　オリーブ色系(288・2835)
ブルーグリーン系(343・344)　ブルーグレー(3042)　グレー系(423・488)
茶系(516・562・844)　藤色(632)　ベージュ(841)
指定以外は2本どり
(　)内は糸の色番号　[　]内はp.7のバッグの色番号

ロングアンドショート・S
(190)　(145)　(841)
[2835]　[562]　[841]

レイジーデイジー・S(343)[2042]

ストレート・S(3042)
[841]

サテン・S(841)
[841]

アウトライン・S
(245)[2011]2本
(844)[575]1本　}3本どり

サテン・S
(344)
[575]

フレンチノット
(344)
[575] }3本どり

フレンチノット
(844)[575]3本どり

アウトライン
フィリング
(288)
[2011]

アウトライン・S(844)
[575] }3本どり

サテン・S
(205)
[216]

フレンチノットフィリング(194)
[488] }4本どり

アウトライン・S(844)
[575]

レイジー
デイジー・S
(844)
[575]

アウトライン・S
(288)
[2011]

サテン・S(205)
[216]

フレンチノット
(516)[794]3本どり

サテン・S
(423)[841]
(562)[2042]

アウト
ライン・S
(488)
[562]

すきまに
アウトライン・S
(632)[575]
で刺す

アウトライン・S
(844)
[575] }3本どり

サテン・S(245)
[216]

アウトライン・S(844)
[575] }3本どり

サテン・S(245)
[2011]

アウトライン・S
(844)
[575] }3本どり

サテン・S
(205)
[216]
(245)
[2011]

サテン・S
(2835)
[841]

フレンチノット
(488)[794]3本どり

48

小さなバッグ　p.7

【 材料 】

糸…オリムパス25番刺しゅう糸
　　　グリーン(216)　オリーブ色系(2011・2835)　ブルーグリーン(2042)
　　　グレー(488)　金茶(562)　茶色(575)　オールドローズ(794)　ベージュ(841)
布…グレイッシュブラウンのリネン44cm×36cm
　　　淡ピンクの綿ブロード44cm×24cm
その他…接着芯22cm×24cm
サイズ…20cm×22cm

作り方

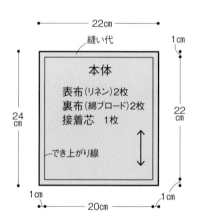

本体

表布(リネン)2枚
裏布(綿ブロード)2枚
接着芯　1枚

でき上がり線

22cm
24cm
20cm
1cm
1cm　1cm
縫い代

持ち手(リネン)2枚

37cm
6cm
1cm　35cm　1cm

①本体表布の1枚に接着芯を貼り、
　布の中心と図案の中心を合わせて
　刺しゅうをする
　(刺し方はp.48の図案参照)。

②持ち手を縫う

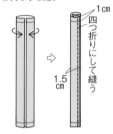

四つ折りにして縫う

1cm
1.5cm

③本体表布に持ち手を
　仮どめする
　前側、後ろ側とも同様に

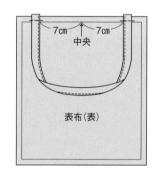

7cm　7cm
中央

表布(表)

⑤表布どうし、裏布どうしが中表に重なる
　ように広げ、返し口を残してまわりを縫う

返し口
10cm

裏布(裏)

④表布と裏布を中表に
　合わせ、入れ口を
　縫って縫い代を割る
　もう1組も同様に縫う

表布(裏)

⑥表に返し、返し口を
　とじる

22cm
20cm

可憐に咲く小さな花　p.8　実物大図案

糸はオリムパス25番刺しゅう糸
オールドローズ（792）　ローズ系（1205・1904）
オリーブ色（2011）　ベージュ（841）
指定以外は2本どり

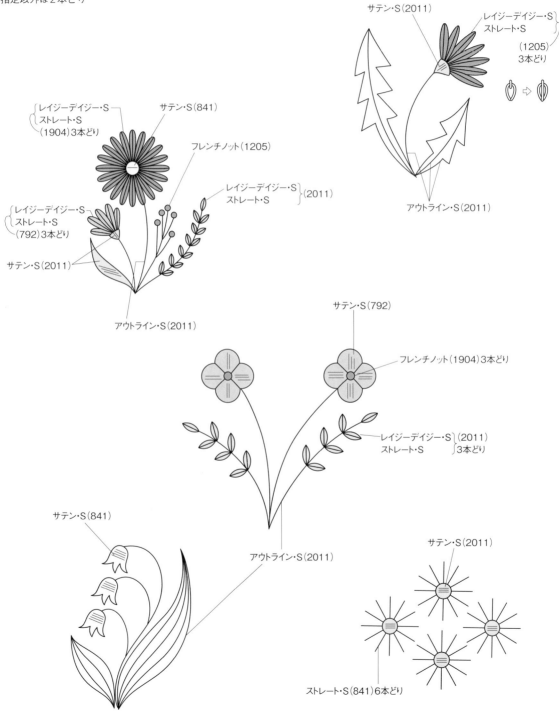

サテン・S（2011）

レイジーデイジー・S
ストレート・S
（1205）
3本どり

レイジーデイジー・S
ストレート・S
（1904）3本どり

サテン・S（841）

フレンチノット（1205）

レイジーデイジー・S
ストレート・S（2011）

レイジーデイジー・S
ストレート・S
（792）3本どり

サテン・S（2011）

アウトライン・S（2011）

アウトライン・S（2011）

サテン・S（792）

フレンチノット（1904）3本どり

レイジーデイジー・S（2011）
ストレート・S　　　3本どり

サテン・S（841）

アウトライン・S（2011）

サテン・S（2011）

ストレート・S（841）6本どり

50

花の円舞曲 p.9 実物大図案

糸はオリムパス25番刺しゅう糸
オリーブ色(290)　藤色(631)　ローズ(1602)　赤(192)　ブルー(324)
グリーン(206)　ブルーグリーン系(343・344)　茶色(575)　ベージュ(841)
指定以外は2本どり

ストレート・S
(290)6本どり

サテン・S
(631)

アウトライン・S
(344)

レイジーデイジー・S
ストレート・S } (192)3本どり

サテン・S
(841)

フレンチノット
(324)

レイジーデイジー・S
ストレート・S } (206)

(344) レイジーデイジー・S
3本どり ストレート・S

レイジーデイジー・S
ストレート・S
(343)3本どり

サテン・S
(575)

サテン・S
(206)

サテン・S
(575)

アウトライン・S
(575)

サテン・S
(1602)

フレンチノット
(631)3本どり

この花は向きを
左右反転させる

レイジーデイジー・S
ストレート・S } (192)3本どり

⇨

51

ハーブガーデン   p.11   実物大図案

糸はオリムパス25番刺しゅう糸
ブルーグリーン(222)   グレー(488)   茶色(712)   ベージュ(841)
指定以外は2本どり

アウトライン・S
(712)

フレンチノット(488)3本どり

サテン・S(841)

バック・S(841)

ロングアンドショート・S
(488)

(841)
(488) } サテン・S

サテン・S(712)

アウト
ライン・S
(222)

(841)
3本どり } レイジーデイジー・S
ストレート・S

レイジーデイジー・S
ストレート・S
(712)6本どり

フレンチノット
(712)4本どり

ストレート・S
(222)

アウトライン・S
(222)

レイジーデイジー・S
ストレート・S
(222)
3本どり

アウトライン・S
(222)

アウトライン・S
(222)

レイジーデイジー・S
ストレート・S
(222)3本どり

アウトライン・S
(222)
この花は向きを
左右反転させる

アウトライン・S
(222)

アウトライン・S
(222)

春色のフレーム　p.10

【　材料　】
糸…オリムパス25番刺しゅう糸
　　　オリーブ色(2011)　黄色(292)　グレー(423)
布…ベージュのリネン25cm×30cm
その他…接着芯13.5cm×21cm
　　　　外径13.5cm×21cmの楕円形のフレーム1組
サイズ…13.5cm×21cm

刺し方はp.52の図案参照
指定以外は(2011)

作り方

①布の裏に接着芯を貼り、
　布の中心と図案の中心
　を合わせて刺しゅうをする

②①をフレームの内径より
　3cm大きく裁ち落とす

③まわりをぐし縫いし、
　フレームに合わせて
　絞る

小さな草花の贈り物　p.12　実物大図案

糸はオリムパス25番刺しゅう糸
オリーブ色(288)　ブルーグリーン(342)　金茶(562)　藤色(632)　オールドローズ(794)　ベージュ(841)
指定以外は2本どり
（　）内は糸の色番号　[　]内はブローチの色番号

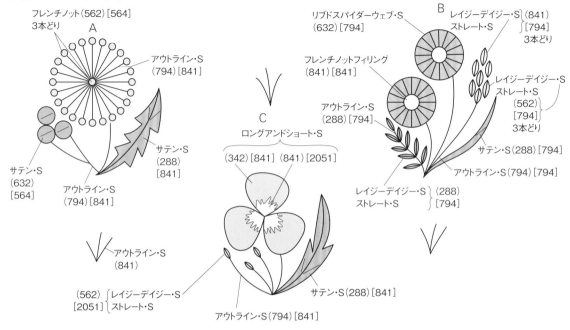

A
フレンチノット(562)[564]
3本どり
アウトライン・S
(794)[841]
サテン・S
(632)
[564]
アウトライン・S
(794)[841]
サテン・S
(288)
[841]

C
ロングアンドショート・S
(342)[841]　(841)[2051]
アウトライン・S
(841)
(562)
[2051]
レイジーデイジー・S
ストレート・S
アウトライン・S(794)[841]

B
リブドスパイダーウェブ・S
(632)[794]
レイジーデイジー・S(841)
ストレート・S
[794]
3本どり
フレンチノットフィリング
(841)[841]
レイジーデイジー・S
ストレート・S
(562)
[794]
3本どり
アウトライン・S
(288)[794]
サテン・S(288)[794]
レイジーデイジー・S (288)
ストレート・S [794]
アウトライン・S(794)[794]
サテン・S(288)[841]

草花のブローチ　p.12

【 材料 】
糸…オリムパス25番刺しゅう糸
　A金茶(564)　ベージュ(841)
　Bオールドローズ(794)　ベージュ(841)
　Cグレイッシュグリーン(2051)　ベージュ(841)
布…リネン　A淡茶、Bブルーグリーン、C淡ピンク各15cm角

その他…接着芯各6cm角　革（またはフェルト）各5cm角
　ブローチピン各1個　手芸用ボンド
　ブローチ台（くるみボタン）A直径4cm、
　B3.3cm×4.5cmの楕円形、C直径3.5cm
サイズ…A直径4cm、B3.3cm×4.5cmの楕円形、
　C直径3.5cm

作り方

①革にブローチ台を置いて目打ちで
　型を取り、1mm内側を切って
　ブローチピンを縫いつける

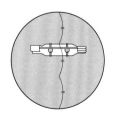

上から約1/3の位置につける

②布は刺しゅう枠にかかるように15cm角
　を用意する。布の裏に接着芯を貼って
　刺しゅうをし(図案は上図参照)、裏から
　ブローチ台を押しつけてできた線から
　1cm外側を裁ち落とす

③②のまわりをぐし縫いし、
　ブローチ台にかぶせて縮め、
　もう一周大まかに縫う

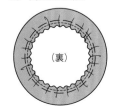

(裏)

④③の裏側に①を
　貼りつける

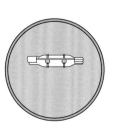

Summer p.13 実物大図案

糸はオリムパス25番刺しゅう糸
グリーン系(210・275)
すべて2本どり

サテン・S(210)

フレンチノット(275)

サテン・S(210)

レイジーデイジー・S
ストレート・S } (275)

アウトライン・S(275)

サテン・S
(275)

サテン・S(275)

アウトライン・S(275)

サテン・S(275)

初夏に咲く花を集めて　p.14　実物大図案

糸はオリムパス25番刺しゅう糸
ワイン（1906）　ブルーグリーン（343）　オリーブ色系（2835・2011）　ブルー（356）
ブルーグレー（3042）　紫系（632・655）　グレー（413）　ベージュ（841）
指定以外は2本どり

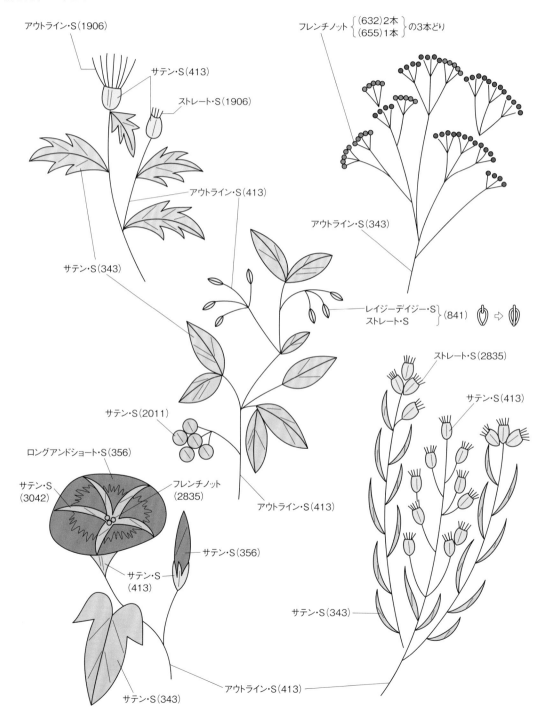

アウトライン・S（1906）

サテン・S（413）

ストレート・S（1906）

アウトライン・S（413）

サテン・S（343）

フレンチノット { （632）2本 （655）1本 } の3本どり

アウトライン・S（343）

レイジーデイジー・S } （841）
ストレート・S

サテン・S（2011）

ストレート・S（2835）

サテン・S（413）

ロングアンドショート・S（356）

サテン・S（3042）

フレンチノット（2835）

アウトライン・S（413）

サテン・S（356）

サテン・S（413）

サテン・S（343）

サテン・S（343）

アウトライン・S（413）

初夏に咲く花を集めて　p.15　実物大図案

糸はオリムパス25番刺しゅう糸
コーラルレッド（145）　オリーブ色（2012）　ブルーグリーン（343）
グレー系（413・487）　茶系（575・712・784・786）　ベージュ（841）
指定以外は2本どり

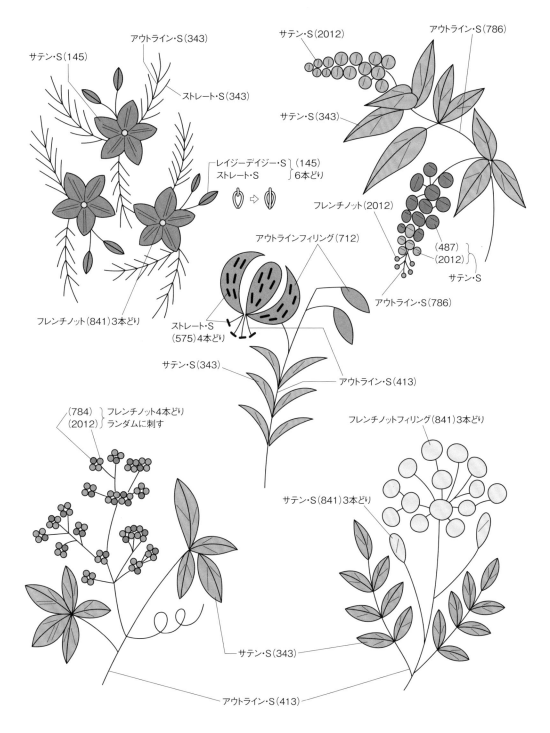

サテン・S（145）

アウトライン・S（343）

ストレート・S（343）

サテン・S（2012）

アウトライン・S（786）

サテン・S（343）

レイジーデイジー・S（145）
ストレート・S 〔6本どり

フレンチノット（2012）

（487）
（2012）〕サテン・S

アウトラインフィリング（712）

アウトライン・S（786）

フレンチノット（841）3本どり

ストレート・S
（575）4本どり

サテン・S（343）

アウトライン・S（413）

（784）〕フレンチノット4本どり
（2012）〕ランダムに刺す

フレンチノットフィリング（841）3本どり

サテン・S（841）3本どり

サテン・S（343）

アウトライン・S（413）

そよ風にゆれる草花模様　p.16　実物大図案

糸はオリムパス25番刺しゅう糸
グリーン(203)　オリーブ色(290)
ブルーグリーン系(223・2042)
グレー(486)　ベージュ(841)
p.17 はすべてベージュ(841)
糸は2本どり

□ 内は p.17 の図案

サテン・S
(486)

ストレート・S
(290)

フレンチノット
(290)

サテン・S
(203)

アウトライン・S(203)

アウトライン・S(223)

レイジーデイジー・S
ストレート・S
(223)

サテン・S
(203)

ロングアンドショート・S
(2042)
(841)

p.17
図案の
中心

アウトライン・S
(203)

サテン・S
(203)

サテン・S
(290)

フレンチノット
(2042)

アウトライン・S
(203)
(841)

アウトライン・Sで
刺し埋める(203)
※(841)で葉脈を
　刺してから(203)で
　刺し埋める

58

一色刺しゅうのポーチ　p.17

【　材料　】

糸…オリムパス25番刺しゅう糸
　　　ベージュ(841)

布…からし色のリネン24cm×28cm
　　　グレーの綿ブロード20cm×24cm

その他…接着芯18cm×10cm
　　　　長さ20cmのエフロンファスナー1本
　　　　幅0.3cmの革テープ25cm

サイズ…18cm×10cm

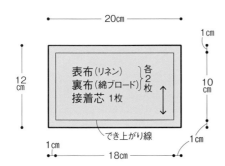

※表布の1枚は刺しゅう枠にかかるように24×16cmに裁つ

作り方

①表布の大きく裁った1枚の裏側
　中央に接着芯を貼り、刺しゅうをする
　(刺し方はp.58の図案参照)

②刺しゅうをした表布のまわりを20cm×12cmに
　裁ち落とす

③ファスナーは17cmのあきになるように
　刺しゅう糸であき止まりを作る

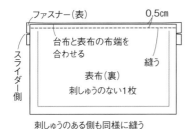

④表布の入れ口にファスナーを中表に重ね、
　端から0.5cmの位置を縫う

```
ファスナー(表)        0.5cm
┌────────────────┐
│ 台布と表布の布端を │
│ 合わせる          │
スライダー側          縫う
│ 表布(裏)          │
│ 刺しゅうのない1枚  │
└────────────────┘
```

刺しゅうのある側も同様に縫う

⑤裏布と④の表布を中表に合わせ、
　ファスナーをはさんで0.7cmの位置を縫い、
　縫い代は裏布側に倒す

⑥表布どうし、裏布どうしが中表になるように広げ、
　返し口を残してまわりを縫う

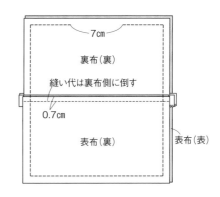

⑦表に返して返し口をとじ、ファスナーの引き手に
　革テープを結びつける

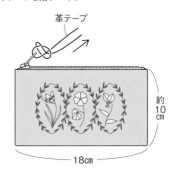

夏の庭のサンプラー　p.18　実物大図案

アウトライン・S（145）

フレンチノット（3043）

糸はオリムパス25番刺しゅう糸
コーラルレッド（145）　ブルーグレー（3043）
指定以外は2本どり

アウトライン・S（3043）3本どり

サテン・S（3043）

アウトライン・S（3043）

レイジーデイジー・S ｝（145）
ストレート・S ｝3本どり

レイジーデイジー・S ｝（3043）
ストレート・S ｝4本どり

アウトライン・S（145）

アウトライン・S（3043）3本どり

サテン・S（3043）

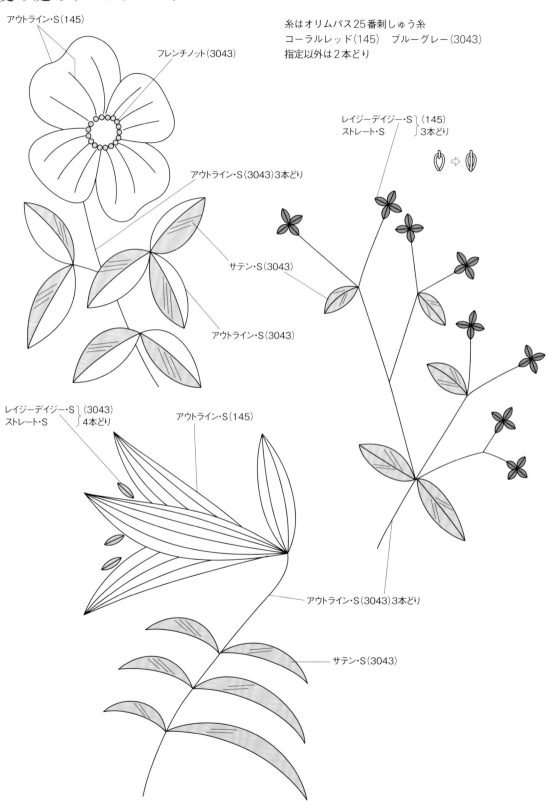

月明かりに照らされて　p.19　実物大図案

糸はオリムパス25番刺しゅう糸
ブルーグリーン(222)
茎はアウトライン・ステッチ3本どり
指定以外はアウトライン・ステッチ2本どり

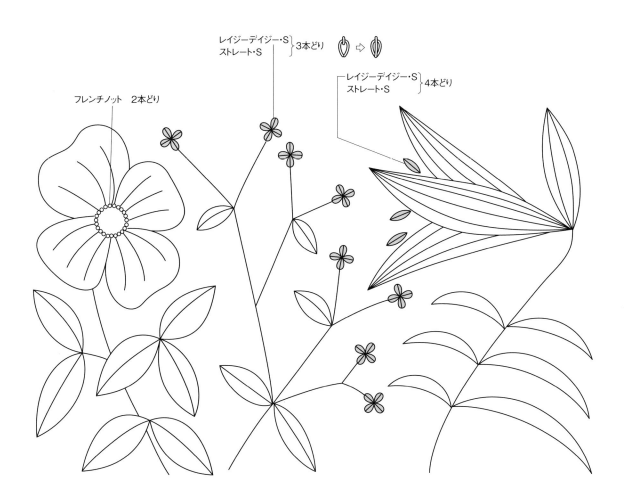

フレンチノット　2本どり

レイジーデイジー・S
ストレート・S }3本どり

レイジーデイジー・S
ストレート・S }4本どり

夏草の巾着ポーチ　p.20

【 材料 】

糸…オリムパス25番刺しゅう糸
　　　オリーブ色系(2011・2013)　ベージュ(734)
　　　オールドローズ(792)
布…リネン　ブルーグレー32cm×22cm　白11.5cm×10cm
　　　淡グレーの綿ブロード25cm×16cm
その他…接着芯12.5cm×16cm
　　　　直径0.2cmのワックスコード110cm
サイズ…10.5cm×15.5cm

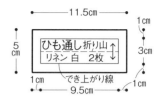

実物大型紙

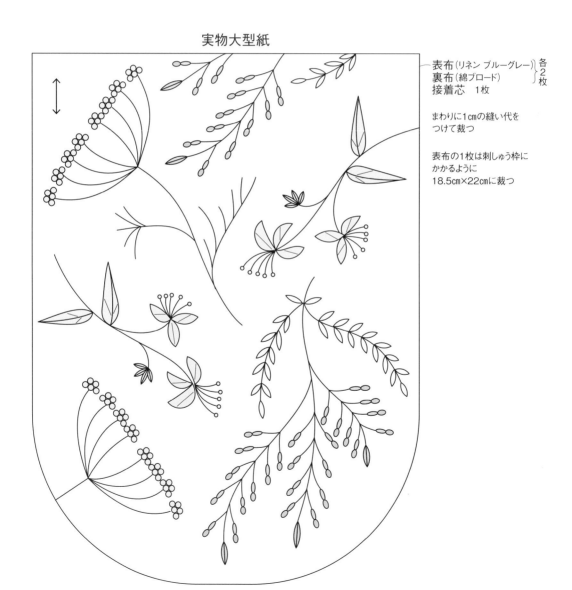

表布(リネン ブルーグレー) 各
裏布(綿ブロード)　　　　　　2
接着芯　1枚　　　　　　　　　枚

まわりに1cmの縫い代を
つけて裁つ

表布の1枚は刺しゅう枠に
かかるように
18.5cm×22cmに裁つ

作り方

① 表布の大きく裁った1枚の裏側
　中央に接着芯を貼り、刺しゅうをし
　（刺し方は下図参照）、縫い代1cm
　残して、まわりを切る

② 表布にひも通しを仮どめする

両わきの縫い代を裏に折る

⇩

外表に二つ折りにし、
入れ口に合わせて
でき上がりの外側を
縫う

もう1枚も同様に縫う

③ ②と裏布を中表に合わせ、
　入れ口を縫う

裏布（裏）

もう1組も同様に縫う

⑤ 表に返して返し口をとじ、
　ワックスコード55cmを両側から通し、
　先を結ぶ

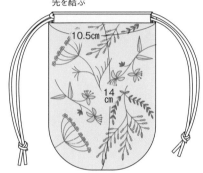

10.5cm

14
cm

④ 表布どうし、裏布どうしが中表に重なる
　ように広げ、返し口を残してまわりを縫う

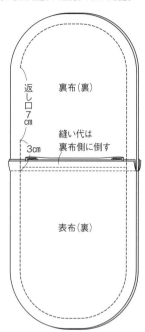

返し口7cm

裏布（裏）

縫い代は
裏布側に倒す

3cm

表布（裏）

小さな夏草　p.20　実物大図案

糸はオリムパス25番刺しゅう糸
オリーブ色系（2011・2013）　グレイッシュグリーン（2051 サンプラーのみ）
ベージュ（734）　オールドローズ（792）
指定以外は2本どり

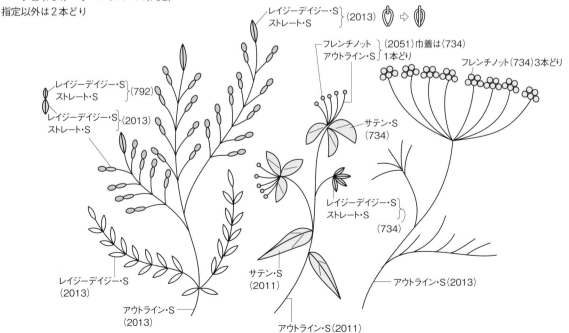

レイジーデイジー・S
ストレート・S }（2013）

フレンチノット
アウトライン・S }（2051）巾着は（734）
1本どり

フレンチノット（734）3本どり

レイジーデイジー・S
ストレート・S }（792）

レイジーデイジー・S
ストレート・S }（2013）

サテン・S
（734）

レイジーデイジー・S
ストレート・S
（734）

レイジーデイジー・S
（2013）

サテン・S
（2011）

アウトライン・S（2013）

アウトライン・S
（2013）

アウトライン・S（2011）

Autumn p.21 実物大図案

糸はオリムパス25番刺しゅう糸
金茶(564)　ベージュ(722)
指定以外は2本どり

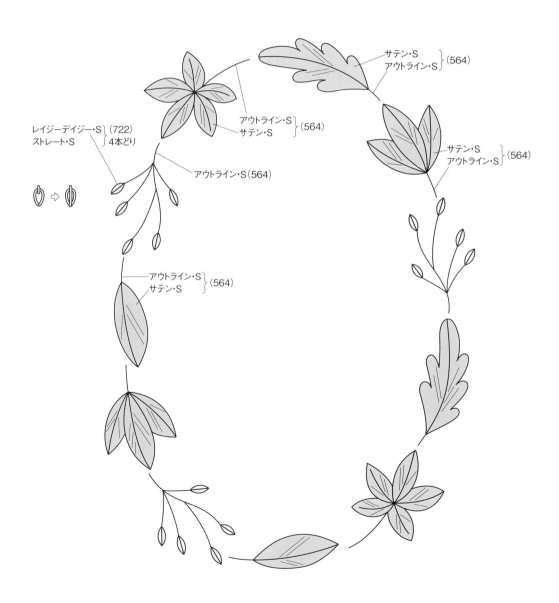

レイジーデイジー・S (722)
ストレート・S ⎱4本どり

アウトライン・S
サテン・S ⎱(564)

アウトライン・S(564)

アウトライン・S
サテン・S ⎱(564)

サテン・S
アウトライン・S ⎱(564)

サテン・S
アウトライン・S ⎱(564)

植物採集ラベル　p.24　実物大図案

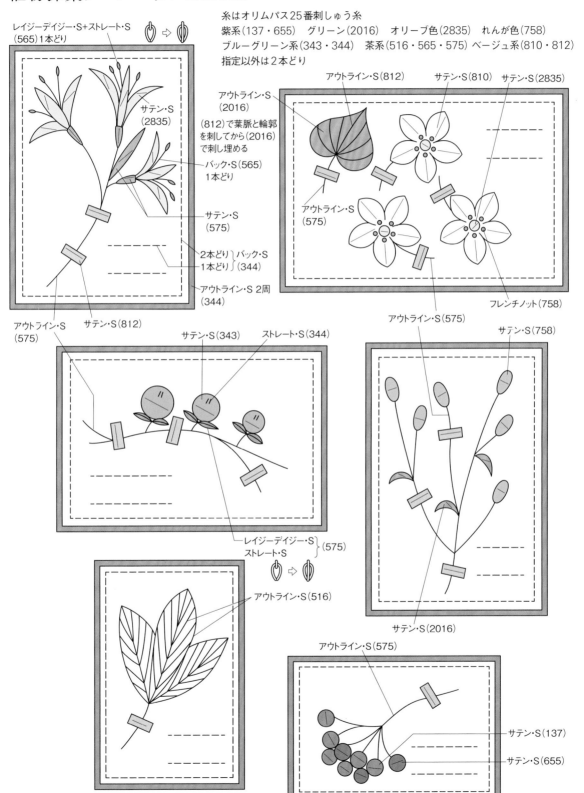

レイジーデイジー・S＋ストレート・S
（565）1本どり

糸はオリムパス25番刺しゅう糸
紫系（137・655）　グリーン（2016）　オリーブ色（2835）　れんが色（758）
ブルーグリーン系（343・344）　茶系（516・565・575）　ベージュ系（810・812）
指定以外は2本どり

サテン・S
（2835）

アウトライン・S（812）　サテン・S（810）　サテン・S（2835）

アウトライン・S
（2016）

（812）で葉脈と輪郭
を刺してから（2016）
で刺し埋める

バック・S（565）
1本どり

サテン・S
（575）

アウトライン・S
（575）

2本どり｜バック・S
1本どり｝（344）

アウトライン・S 2周
（344）

フレンチノット（758）

アウトライン・S　　サテン・S（812）
（575）

アウトライン・S（575）

サテン・S（343）　　ストレート・S（344）

サテン・S（758）

レイジーデイジー・S（575）
ストレート・S

アウトライン・S（516）

サテン・S（2016）

アウトライン・S（575）

サテン・S（137）

サテン・S（655）

65

小さなパネル　p.25

【 材料 】

糸…オリムパス25番刺しゅう糸

    A 紫（137）　ローズ（1904）　グリーン（2016）　オリーブ色系（2011・2835）　ブルーグリーン（344）

     グレー（488）　藤色（632）　ベージュ系（722・841）

    B 紫（137）　ローズ（1904）　グリーン（2016）　オリーブ色系（2011・2835）　ブルーグリーン（344）

     グレー（488）　ベージュ系（722・841）

布…ブルーグレーのリネン　A20cm角　B18cm×23cm

その他…接着芯A10cm角　B7.5cm×13cm

       パネルA10cm角　B7.5cm×13cm　画鋲

サイズ…A10cm角　B7.5cm×13cm

A

指定以外は2本どり

布の裏側中央に接着芯を貼り、
刺しゅうをする

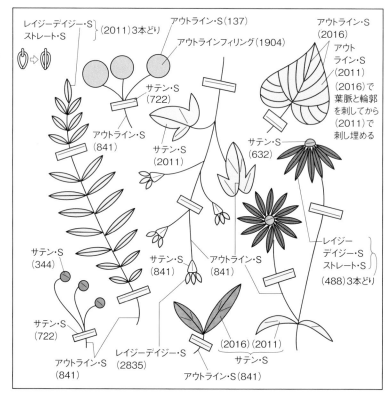

B

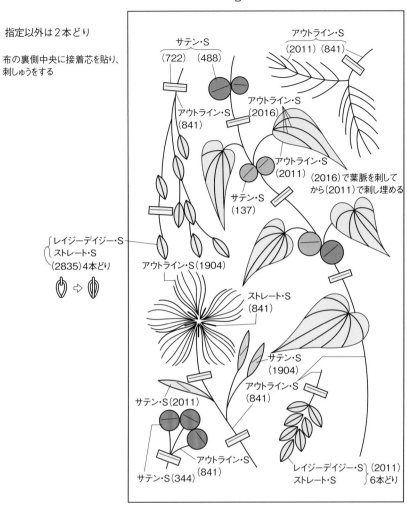

指定以外は2本どり

布の裏側中央に接着芯を貼り、
刺しゅうをする

サテン・S
(722) (488)

アウトライン・S
(2011) (841)

アウトライン・S
(841)

アウトライン・S
(2016)

アウトライン・S
(2011)

(2016)で葉脈を刺して
から(2011)で刺し埋める

サテン・S
(137)

レイジーデイジー・S
ストレート・S
(2835)4本どり

アウトライン・S(1904)

ストレート・S
(841)

サテン・S
(1904)

アウトライン・S
(841)

サテン・S (2011)

アウトライン・S
(841)

サテン・S (344)

レイジーデイジー・S (2011)
ストレート・S 6本どり

パネルの貼り方

①刺しゅうをした布の裏側に
　パネルを当て、余分な布を
　裁ち落とす

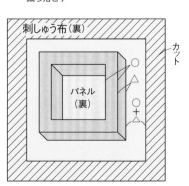

刺しゅう布（裏）

カット

パネル
（裏）

②パネルに合わせて布をたたみ、
　上下左右バランスよく引っ張りながら
　交互に画鋲でとめる

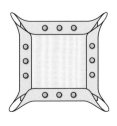

③角を折りたたみ、画鋲でとめる

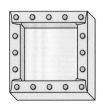

タッカーを使う場合は
画鋲を外しながら打つ

秋に咲く草花いろいろ　p.22　実物大図案

糸はオリムパス25番刺しゅう糸
赤(192)　オリーブ色(290)　黄色(292)　茶色(565)　ピンク(766)　オールドローズ(795)　ベージュ(841)
指定以外は2本どり

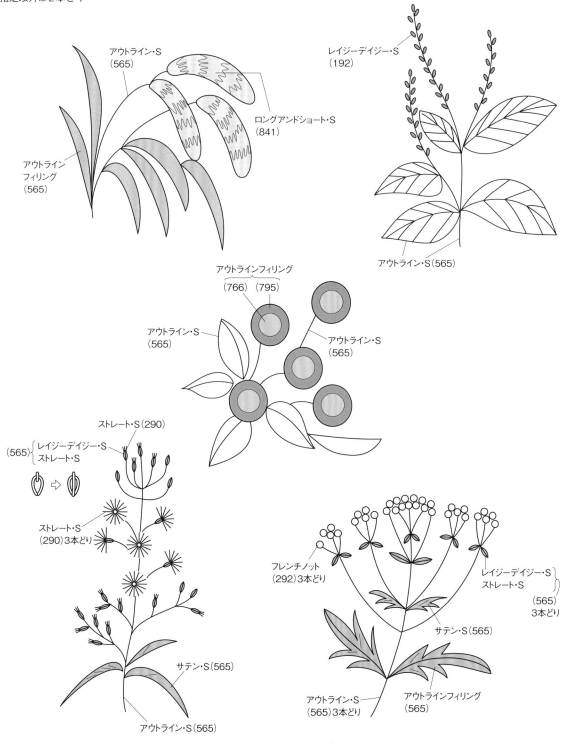

アウトライン・S
(565)

ロングアンドショート・S
(841)

アウトライン
フィリング
(565)

レイジーデイジー・S
(192)

アウトライン・S(565)

アウトラインフィリング
(766)　(795)

アウトライン・S
(565)

アウトライン・S
(565)

ストレート・S(290)

(565)｛レイジーデイジー・S
　　　ストレート・S

ストレート・S
(290)3本どり

サテン・S(565)

アウトライン・S(565)

フレンチノット
(292)3本どり

レイジーデイジー・S
ストレート・S
(565)
3本どり

サテン・S(565)

アウトライン・S
(565)3本どり

アウトラインフィリング
(565)

秋に咲く草花いろいろ　p.23　実物大図案

糸はオリムパス25番刺しゅう糸
オリーブ色系(290・2011)　黄色(292)　ブルー(393)　れんが色系(755・758)　紫系(136・631)
指定以外は2本どり

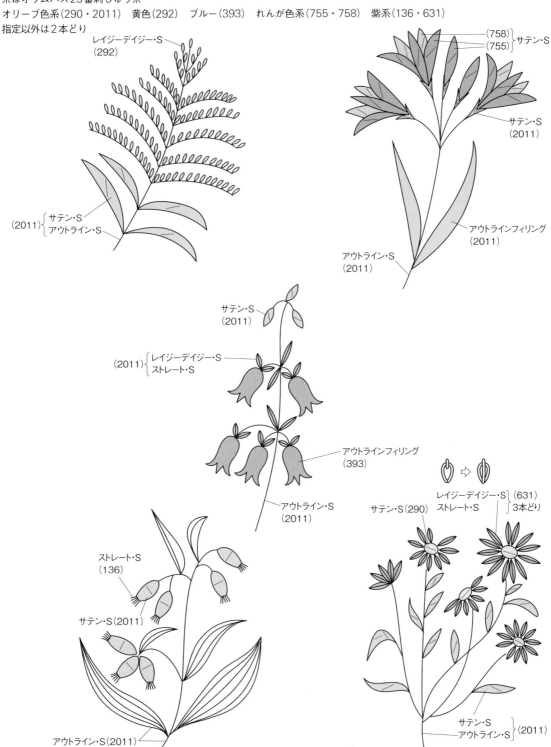

レイジーデイジー・S
(292)

(758)
(755) } サテン・S

サテン・S
(2011)

アウトラインフィリング
(2011)

アウトライン・S
(2011)

(2011) { サテン・S
アウトライン・S

サテン・S
(2011)

(2011) { レイジーデイジー・S
ストレート・S

アウトラインフィリング
(393)

アウトライン・S
(2011)

レイジーデイジー・S (631)
ストレート・S } 3本どり

サテン・S (290)

ストレート・S
(136)

サテン・S (2011)

アウトライン・S (2011)

サテン・S
アウトライン・S } (2011)

Autumn pattern   p.26 実物大図案

糸はオリムパス25番刺しゅう糸
金茶(564)
指定以外は3本どり
指定以外はアウトライン・ステッチ

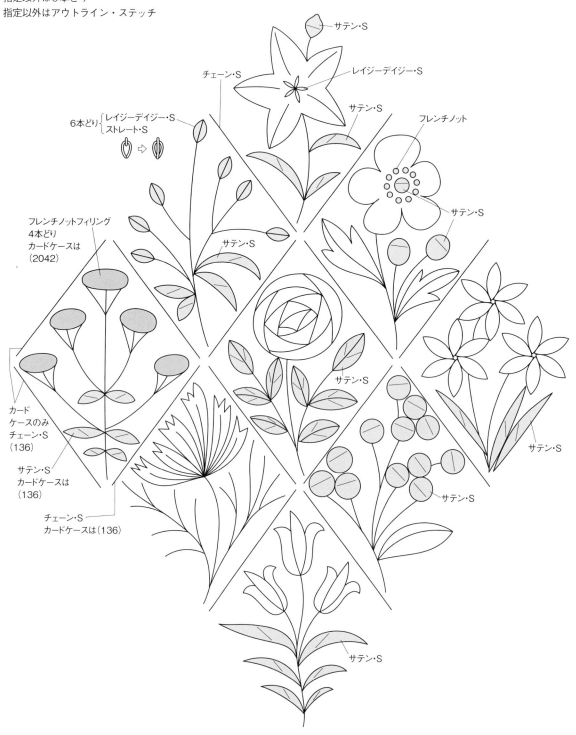

チェーン・S

レイジーデイジー・S

サテン・S

フレンチノット

6本どり レイジーデイジー・S
ストレート・S

サテン・S

サテン・S

フレンチノットフィリング
4本どり
カードケースは
(2042)

カード
ケースのみ
チェーン・S
(136)

サテン・S
カードケースは
(136)

チェーン・S
カードケースは(136)

サテン・S

サテン・S

サテン・S

サテン・S

サテン・S

ブルーフラワーのカードケース　p.27

【 材料 】
糸…オリムパス25番刺しゅう糸
　　赤紫（136）　ブルーグリーン（2042）
布…リネン　紺27cm×18.5cm　赤紫24cm×12.5cm
その他…接着芯27cm×18.5cm
　　　　　幅0.2cmの革テープ6cm　直径10mmのボタン1個
サイズ…7.5cm×10.5cm（折りたたみ時）

④表布と裏布を中表に合わせ、
　返し口を残してポケットの
　入れ口とふたの端を縫う

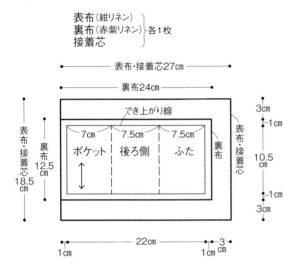

作り方

① 表布に接着芯を貼り、ふたの中央に刺しゅうをする
　　（刺し方はp.70の図案参照）

② 裏布に合わせて表布の余分な縫い代を裁ち落とす

③ 表布にボタンかけループを仮どめする

⑤ ポケットを折り込み、両わきを縫う

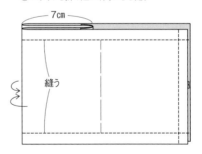

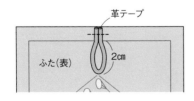

⑥ 表に返して返し口をとじ、
　後ろ側にボタンをつける

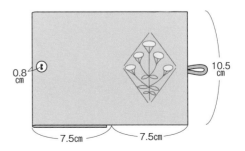

秋の草花摘み　p.28　実物大図案

糸はオリムパス25番刺しゅう糸
コーラルレッド(145)　オリーブ色(2835)　ベージュ(841)
指定以外は2本どり
茎はアウトライン・ステッチ(841)3本どり、葉はサテン・ステッチ(841)2本どり

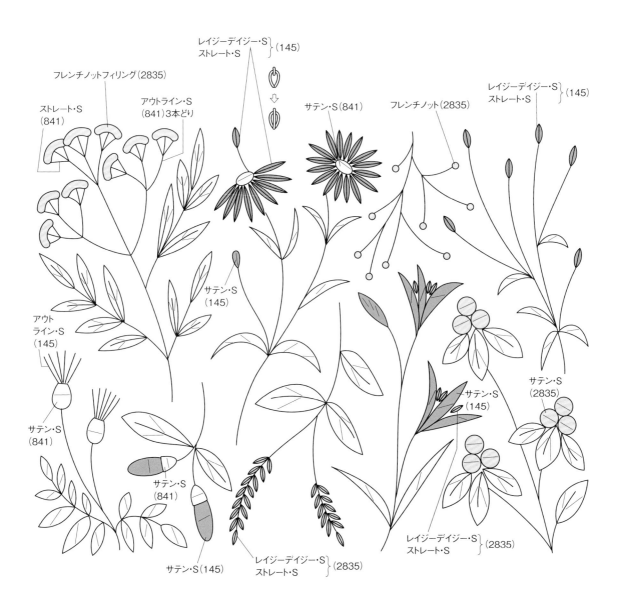

Winter

p.29　実物大図案

糸はオリムパス25番刺しゅう糸
ブルーグレー（3042）　ベージュ（810）
糸はすべて2本どり

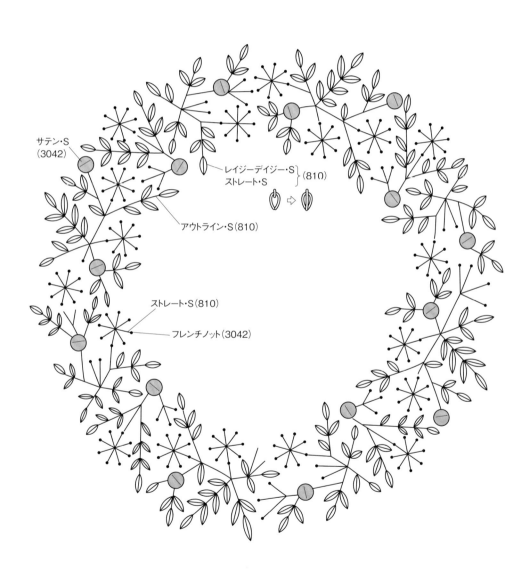

サテン・S
（3042）

レイジーデイジー・S
ストレート・S
｝（810）

アウトライン・S（810）

ストレート・S（810）

フレンチノット（3042）

冬の妖精たち　　p.30　実物大図案

糸はオリムパス25番刺しゅう糸
グリーン(2016)　オリーブ色系(2012・288・2835)　ブルーグリーン(343)　ブルー系(324・386)
紫系(614・605)　金茶(564)　オールドローズ系(792・795)　ベージュ(841)
指定以外は2本どり

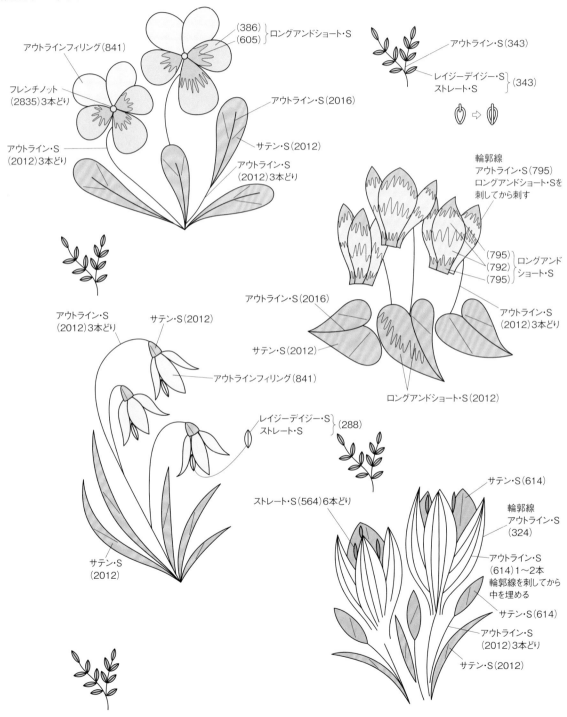

アウトラインフィリング(841)

(386)
(605)　}ロングアンドショート・S

フレンチノット
(2835)3本どり

アウトライン・S
(2012)3本どり

アウトライン・S(2016)

サテン・S(2012)

アウトライン・S
(2012)3本どり

アウトライン・S(343)

レイジーデイジー・S
ストレート・S　}(343)

輪郭線
アウトライン・S(795)
ロングアンドショート・Sを
刺してから刺す

(795)
(792)　}ロングアンド
(795)　　ショート・S

アウトライン・S(2016)

サテン・S(2012)

ロングアンドショート・S(2012)

アウトライン・S
(2012)3本どり

アウトライン・S
(2012)3本どり

サテン・S(2012)

アウトラインフィリング(841)

レイジーデイジー・S
ストレート・S　}(288)

ストレート・S(564)6本どり

サテン・S
(2012)

サテン・S(614)

輪郭線
アウトライン・S
(324)

アウトライン・S
(614)1〜2本
輪郭線を刺してから
中を埋める

サテン・S(614)

アウトライン・S
(2012)3本どり

サテン・S(2012)

74

冬の妖精たち　　p.31　実物大図案

糸はオリムパス25番刺しゅう糸
紫(137)　ローズ系(165・1904)　　赤(192)　グリーン(2016)　オリーブ色系(2012・288・2835・284)　　ベージュ(841)
ブルーグリーン系(343・344)
指定以外は2本どり

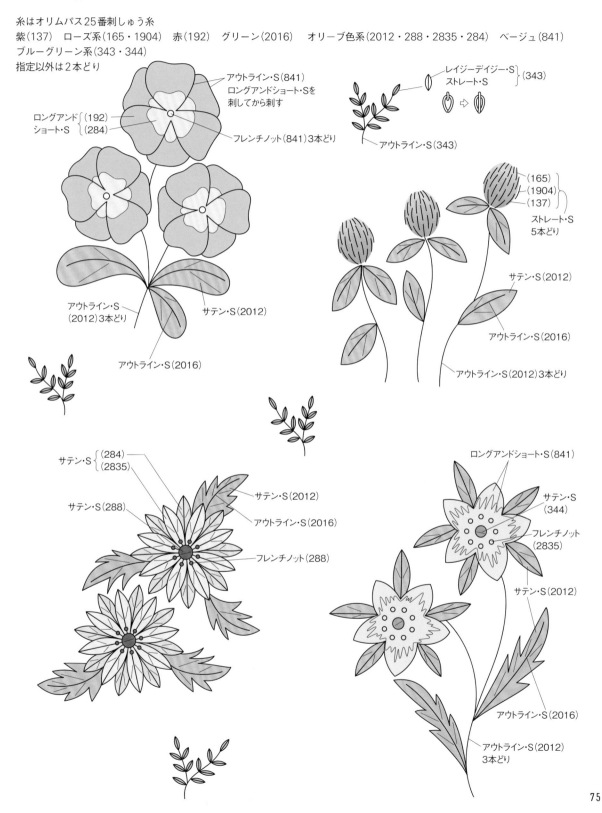

アウトライン・S(841)
ロングアンドショート・Sを
刺してから刺す

ロングアンド[(192)
ショート・S [(284)

フレンチノット(841)3本どり

レイジーデイジー・S]
ストレート・S   }(343)

アウトライン・S(343)

(165)
(1904)
(137)
ストレート・S
5本どり

サテン・S(2012)

アウトライン・S(2016)

アウトライン・S
(2012)3本どり

サテン・S(2012)

アウトライン・S(2016)

アウトライン・S(2012)3本どり

サテン・S[(284)
　　　　 [(2835)

サテン・S(288)

サテン・S(2012)

アウトライン・S(2016)

フレンチノット(288)

ロングアンドショート・S(841)

サテン・S
(344)

フレンチノット
(2835)

サテン・S(2012)

アウトライン・S(2016)

アウトライン・S(2012)
3本どり

Winter pattern　p.32　実物大図案

糸はオリムパス25番刺しゅう糸
グリーン（203）　オリーブ色（2835）　グレー（423）
指定以外は2本どり

アウトライン・S
（2835）　（203）

チェーン・S（423）3本どり

アウトライン・S（203）

サテン・S（2835）

フレンチノットフィリング（423）3本どり

アウトライン・S（2835）

サテン・S（2835）

アウトライン・S（203）

チェーン・S（423）3本どり

アウトライン・S（203）

アウトライン・S（2835）

花の連続模様　p.33　実物大図案

糸はオリムパス25番刺しゅう糸
ワイン(1906)
指定以外は2本どり
刺し方はp.76の図案参照

図案は125%に拡大して使用

フレンチノットフィリング
3本どり

植物モチーフのラベル　p.34　実物大図案

糸はオリムパス25番刺しゅう糸
赤(194)　グリーン(206)　ブルーグリーン(343)　オリーブ色(2835)
グレー(488)　ベージュ(841)
指定以外は2本どり

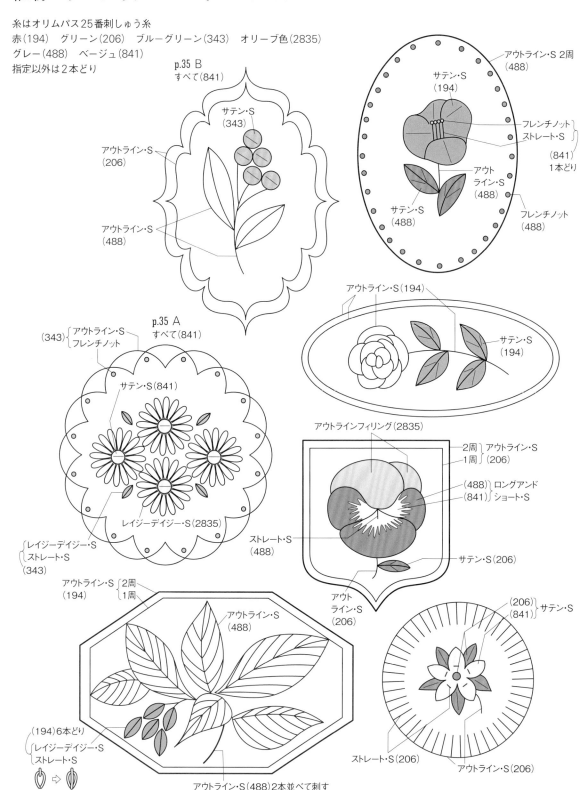

p.35 B
すべて(841)

サテン・S
(343)

アウトライン・S
(206)

アウトライン・S
(488)

アウトライン・S 2周
(488)

サテン・S
(194)

フレンチノット
ストレート・S
(841)
1本どり

アウト
ライン・S
(488)

サテン・S
(488)

フレンチノット
(488)

アウトライン・S(194)

サテン・S
(194)

p.35 A
すべて(841)

(343){アウトライン・S
フレンチノット

サテン・S(841)

レイジーデイジー・S(2835)

レイジーデイジー・S
ストレート・S
(343)

アウトラインフィリング(2835)

2周}アウトライン・S
1周}(206)

(488)}ロングアンド
(841)}ショート・S

ストレート・S
(488)

サテン・S(206)

アウト
ライン・S
(206)

アウトライン・S 2周
(194)　1周

アウトライン・S
(488)

(194)6本どり
レイジーデイジー・S
ストレート・S

アウトライン・S(488)2本並べて刺す

(206)}サテン・S
(841)

ストレート・S(206)

アウトライン・S(206)

78

野花のピンクッション　　p.35

【 材料 】

糸…オリムパス25番刺しゅう糸
　　　ベージュ(841)
　　　ひも用　赤(194)
布…赤のリネン　A24cm×15cm　B23cm×17cm
その他…接着芯A15cm角　B14.5cm×17cm　綿
サイズ…A7cm角　B6.5cm×9cm（ひもを除く）

A
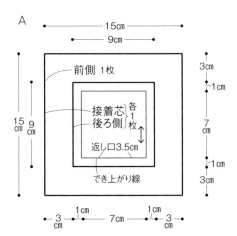

※前側は刺しゅう枠にかかるように15cm角に裁つ

B
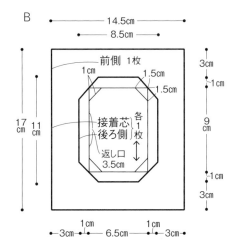

※前側は刺しゅう枠にかかるように14.5cm×17cmに裁つ

作り方

①前側の布の裏に接着芯を貼り、
　中央に刺しゅうをする
　（刺し方はp.78の図案参照）

②後ろ側に合わせて前側の
　余分な縫い代を裁ち落とす

③刺しゅう糸(194)6本どりで
　三つ編みをし、9cmのひもを作る

④前側、後ろ側を中表に
　合わせ、ひもをはさみ、返し口
　を残してまわりを縫う

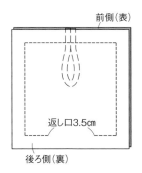

⑤表に返し、綿をつめて
　返し口をとじる

マカベアリス

刺しゅう作家。手芸誌への作品提供、キット・刺しゅう
アイテムなどのデザイン、個展の開催など幅広く活動中。
野に咲く草花をモチーフにしたデザインを得意とし、か
んたんな刺し方で可憐な花を表現する美しさには定評が
ある。著書に『野のはなとちいさなとり』(ミルトス)、『草
花刺繍』(シロクマ社)、『植物刺繍手帖』(日本ヴォーグ
社)、『マカベアリスの刺繍物語　自然界の贈りもの』(主
婦と生活社)がある。

ブックデザイン＿＿葉田いづみ

撮影＿＿＿＿＿＿＿清水奈緒(表紙、p.1、2、7、9、10、12下段、
　　　　　　　　　17、20下段、22、23、25、27、35)

＿＿＿＿＿＿＿＿＿中辻　渉(p.3〜6、8、11、12上段、13〜16、
　　　　　　　　　18〜20上段、21、24、26、28〜34、36〜44)

スタイリング＿＿＿鍵山奈美

トレース＿＿＿＿＿大楽里美(day studio)

編集＿＿＿＿＿＿＿佐藤周子(リトルバード)

編集デスク＿＿＿＿川上裕子(成美堂出版編集部)

糸提供／オリムパス製絲株式会社
　　　　〒461-0018　名古屋市東区主税町4-92
　　　　Tel.052-931-6679

布協力／株式会社 越前屋
　　　　〒104-0031　東京都中央区京橋1-1-6
　　　　Tel.03-3281-4911
　　　　https://www.echizen-ya.net/

撮影協力／AWABEES　Tel.03-5786-1600
　　　　　UTUWA　Tel.03-6447-0070

小さな野花の刺しゅう

著　者　マカベアリス

発行者　深見公子

発行所　成美堂出版
　　　　〒162-8445　東京都新宿区新小川町1-7
　　　　電話(03)5206-8151　FAX(03)5206-8159

印　刷　大日本印刷株式会社